Bibliografische Information der Deutschen Nationalbibliothek:

Die Deutsche Bibliothek verzeichnet diese Publikation in der Deutschen Nationalbibliografie; detaillierte bibliografische Daten sind im Internet über http://dnb.d-nb.de/ abrufbar.

Impressum:

Druck und Bindung: Books on Demand GmbH, Norderstedt Germany
ISBN: 9783656435570

Dieses Buch bei GRIN:

http://www.grin.com/de/e-book/214120/vorurteile-stereotype-und-soziale-diskriminierung

Susann Schlömilch

Vorurteile, Stereotype und soziale Diskriminierung

Entstehung, Funktion und Möglichkeiten zum Abbau und zur Prävention und Konsequenzen für die Schule

GRIN Verlag

Inhaltsverzeichnis

1. Einleitung

> In Bruchteilen von Sekunden entscheiden wir, ob jemand vertrauenswürdig, intelligent oder kriminell aussieht. Manchmal ordnen wir einen Menschen gar nach seinem Namen ein. Unser Leben wird von Vorurteilen geleitet. Dabei sind diese nicht harmlos – und fast unmöglich aus dem Bewusstsein zu löschen.[1]

Vorurteile spielen - bewusst oder unbewusst - in unserem täglichen Leben, insbesondere in der zwischenmenschlichen Interaktion eine große Rolle. Wie im aufgeführten Zitat angedeutet wird, scheint sich die Bedeutung des Vorurteils allein auf eine ausschließlich negative zu beschränken. Inwiefern dies gerechtfertigt ist, soll Gegenstand dieser Arbeit sein. So beschäftigt sich diese Darstellung mit den verschiedenen Formen der sozialen Einstellungen: dem Vorurteil, dem Stereotyp und der sozialen Diskriminierung. Anhand verschiedener Theorien soll der Frage ihrer Entstehung und ihrer Änderungsresistenz nachgegangen werden aber auch der ihrer verschiedenen Funktionen.

Das Wissen um diese Phänomene menschlichen Zusammenlebens ist auch für den schulischen Kontext von großer Bedeutung. So führen Vorurteile nicht selten zu Konflikten zwischen und zu Mobbing von Schülerinnen und Schülern[2]. Doch dürfen Lehrkräfte nicht vergessen, dass sie auch selbst in Bezug auf die Wahrnehmung ihrer SuS nicht frei von Vorurteilen sind. Daher ist es wichtig, das eigene Verhalten in dieser Hinsicht kritisch zu reflektieren. Ferner ist es notwendig, verschiedene Möglichkeiten des Intervenierens zu kennen. Daher sollen in dieser Arbeit verschiedene allgemeine Ansätze zum Abbau und zur Prävention von Vorurteilen und Stereotypen vorgestellt und diese in einem zweiten Schritt auf den schulischen Kontext angewendet werden.

---

[1] Weik, Sarah: „Warum wir Vorurteile nicht loswerden können“, unter: http://www.welt.de/gesundheit/psychologie/article4182227/Warum-wir-Vorurteile-nicht-loswerden-koennen.html [letzter Zugriff: 15.03.2012].

[2] Diese werden im Folgenden mit SuS abgekürzt.

2. Soziale Einstellungen und ihre Funktionen - ein Überblick

Jedes menschliche Verhalten ist auf Einstellungen und soziale Determinationen zurückzuführen.[3] Dabei werden Einstellungen definiert[4] als „subjektive[...] Theorien [Hervorhebung im Original] eines Menschen bezüglich eines Einstellungsobjektes."[5] Diese „können auch als Schemata, in denen das gesamte Wissen und die Gefühle über Einstellungsobjekte abgespeichert und verfügbar sind [...]"[6] verstanden werden. Somit sind Einstellungen „relativ beständige Bezugssysteme"[7], anhand derer es zur Messung und Beurteilung von Ereignissen und Sachverhalten kommt und die zur Orientierung dienen. Wesentliche Merkmale dieser Bezugssysteme sind eine relative Stabilität von Zeit und Situation. Weiterhin werden soziale Einstellungen als „hypothetische Konstrukte"[8] bezeichnet, da sie nicht direkt beobachtbar sind, sondern lediglich das daraus resultierende Verhalten bzw. Handeln. Peter O. Güttler weist jedoch darauf hin, dass sich Einstellung und Verhalten auch durchaus widersprechen können. Dies ist darauf zurückzuführen, dass das Verhalten nicht nur von individuellen Einstellungen bestimmt ist, sondern auch von gesellschaftlichen Normen oder einem sogenannten peer pressure beeinflusst wird. Andere Erklärungsmuster sind situative Zwänge oder die Relevanz mehrerer Einstellungen für ein Verhalten.[9]

Der Dreikomponenten Ansatz der Einstellung von Rosenberg & Hovland (1960), der auch als Strukturmodell der Einstellung bezeichnet wird, unterscheidet drei Einstellungskomponenten, durch die jede Einstellung eingeordnet werden kann. Die kognitive Komponente fasst Wahrnehmungsreaktionen sowie verbale Überzeugungen, Meinungen, Glauben, Wissen, Urteile und das subjektive Wissen über ein Einstellungsobjekt. Zur affektiven zählen verbale Äußerungen über Gefühle, Bewertung und Evaluation sowie das „sich wohl bzw. unwohl fühlen bei Urteilen über soziale Kategorien oder Einstellungsobjekte [...]"[10]. Die konative Komponente, die auch als verhaltensorientierte oder aktionale beschrieben wird, beinhaltet eine Verhaltenstendenz bzw -absicht sowie die Bereitschaft zum Handeln, aber auch die Mitteilungen einer Person über das eigene Verhalten.[11]

---

[3] Vgl. Güttler, Peter: Sozialpsychologie. Soziale Einstellungen, Vorurteile, Einstellungsänderungen. 3. überarbeitete und stark erweiterte Auflage. München/Wien/Oldenbourg 2000, S. 96.
[4] Weitere Definitionen finden sich ebd., S. 99.
[5] Ebd.
[6] Ebd.
[7] Ebd.
[8] Ebd., S. 98.
[9] Vgl. ebd., S. 101.
[10] Güttler: Sozialpsychologie, S. 100.
[11] Vgl. Güttler: Sozialpsychologie, S. 100.

2.1. Das Vorurteil[12]

> Vorurteile sind Urteile bzw. Aussageformen über Personen und Personengruppen, die falsch, voreilig, verallgemeinernd und klischeehaft sind, nicht an der Realität überprüft wurden, meist eine extrem negative Bewertung beinhalten und stark änderungsresistent[13], d.h. durch neue Informationen nur schwer oder kaum zu modifizieren sind und sich somit durch eine bemerkenswerte Stabilität auszeichnen.[14]

Die psychologische Vorurteilsforschung ist in den letzten Jahren dazu übergegangen, Vorurteile als eine bestimmte Unterkategorie bzw. Teilklasse sozialer Einstellungen aufzufassen.[15] Da sie „eine gefühlsmäßige Tönung stereotyper Urteile“[16] darstellen, werden sie nach dem im vorherigen Abschnitt ausgeführten Dreikomponenten-Modell der Einstellung vor allem der affektiven Komponente zugeordnet.[17]

Vorurteile werden als „Pseudo-Urteile“ bezeichnet, da sie nicht die Kriterien eines Urteils erfüllen (z.B. Empirie). So muss die eigene Verbindlichkeit eines persönlichen Urteils „keineswegs überindividuell verbindlich sein, d.h. die individuelle Begrenztheit eines Urteils erlaubt keine Verallgemeinerung.“[18] Umso problematischer ist es, dass Vorurteile - wie in der oberen Definition beschrieben - so änderungsresistent sind. Güttler hebt besonders hervor, „daß [sic!] ein Vorurteil neben dem kommunikativen Inhaltsaspekt auch immer eine Aussage über den (gestörten) Beziehungsaspekt [Hervorhebung im Original] sozialer Gruppen bzw. deren Mitglieder beinhaltet.“[19] Daher sind Vorurteile über Fremdgruppen immer relational zu verstehen. Der (gestörte) Beziehungsaspekt steht dabei über dem Inhaltsaspekt und bestimmt, wie dieser zu verstehen ist.[20]

In der Auseinandersetzung mit Vorurteilen[21] gilt aber auch zu bedenken, dass dieser Begriff zumeist nur sehr einseitig - überwiegend negativ - und auf bestimmte Aspekte beschränkt[22],

---

[12] Eine äußerst interessante und illustrierte Auseinandersetzung mit der Geschichte des Vorurteils liefert das Werk von: Ewen, Elizabeth/Ewen, Stuart: Typen und Stereotype. Die Geschichte des Vorurteils. Berlin 2009. Außerdem zu empfehlen: Reinhold Bergler: Vorurteile - erkennen, verstehen, korrigieren. Köln 1976.

[13] Dies verdeutlicht auch das folgende, bekannte Zitat von G. Watson: „Es hat sich als leichter erwiesen, Atome zu spalten, als die Fülle von Gruppen- und Rassenvorurteilen [...] zu zertrümmern.“ Roth, Erwin: Einstellung als Determination individuellen Verhaltens. Göttingen 1967, S. 55. Zitiert nach: Güttler: Sozialpsychologie, S. 108.

[14] Güttler: Sozialpsychologie, S. 108.

[15] Thomas, Alexander: Die Bedeutung von Vorurteil und Stereotyp im interkulturellen Handeln. In: Interculture Journal 2 (2006), S. 3-20, hier S. 6 und Güttler: Sozialpsychologie, S. 109.

[16] Güttler: Sozialpsychologie, S. 109.

[17] Vgl. ebd.

[18] Güttler: Sozialpsychologie, S. 108.

[19] Ebd., S. 109.

[20] Vgl. Güttler: Sozialpsychologie, S. 109.

[21] So nimmt Allport eine interessante zusätzliche begriffliche Unterscheidung vor: „Voraus-Urteilen“ als vorläufiges, revidierbares Urteilen und „eigentlichen Vorurteilen“. So soll von Letztgenanntem nur gesprochen werden, wenn die zunächst gefällten „Voraus-Urteile“ trotz neu gewonnener (konträrer) Informationen und Erfahrungen nicht korrigiert werden. Vgl. hierzu: Allport, Gordon W.: Die Natur des Vorurteils. Köln 1971, S. 34ff und: Bergler, Reinhold: Vorurteile, S. 102.

gebraucht wird. Zwar gebe es auch positive Einstellungen[23], die durch die typischen Merkmale eines Vorurteils charakterisiert sind, doch werden diese „nur ganz selten in die Kategorie Vorurteil subsumiert."[24]

2.2. Das Stereotyp

Die kognitive Komponente des Vorurteils wird als Stereotyp[25] bezeichnet.[26] Diese sind vereinfachte Repräsentationen der sozialen Umwelt bzw. kognitive Schemata, die der effektiven Verarbeitung von Informationen sowie der schnellen Orientierung in der Umwelt dienen.[27] Walter Lippmann[28] hat dies wie folgt ausgedrückt:

> [D]ie reale Umgebung ist insgesamt zu groß, zu komplex und auch zu fließend, um direkt erfasst zu werden. Wir sind nicht so ausgerüstet, dass wir es mit so viel Subtilität, mit so großer Vielfalt, mit so vielen Verwandlungen und Kombinationen aufnehmen könnten. Obgleich wir in dieser Umwelt handeln müssen, müssen wir sie in einfacherem Modell rekonstruieren, ehe wir damit umgehen können. Um die Welt zu durchwandern, müssen die Menschen Karten von dieser Welt haben.[29]

Allerdings beruhen diese „Karten" auf „fehlerhaften und formelhaften Denkprozessen [...]"[30]. Problematisch ist daran, dass neue Erfahrungen aufgrund solcher Schemata nicht bzw. kaum objektiv und eher „pseudorational"[31] verarbeitet werden.

Als kulturelles Stereotyp werden Meinungen über soziale Gruppen, Nationen oder fremde Völker bezeichnet, die von vielen Menschen geteilt werden.[32] Das Autostereotyp bezeichnet das Selbstbild oder die Vorstellungen, die eine Gruppe von sich selbst hat. Ein Heterostereotyp beschreibt das Fremdbild, die Vorstellungen und Meinungen einer Ingroup gegenüber einer Outgroup[33].[34]

---

[22] Güttler nennt hier Gruppenvorurteile, Majoritäts - Minoritäts - Beziehung sowie psychologisch - individuell. Vgl. ebd., S. 109.

[23] Vgl. Allport: Die Natur, S. 20 und Bergler: Vorurteile, S. 101ff.

[24] Güttler: Sozialpsychologie, S. 109.

[25] Interessant ist in diesem Zusammenhang, dass der Ausdruck „Stereotypie" 1794 ein neues Druckverfahren des französischen Druckers Firmin Didot bezeichnete, bei dem „Pappmaschee-Formen aus kompletten Seiten handgesetzter Typen hergestellt wurden." Diese dienten zur Anfertigung von Duplikatplatten, um Zeitungen und Bücher gleichzeitig auf mehreren Platten drucken zu können. Ewen: Die Geschichte, S. 72.

[26] Vgl. ebd., S. 110 und Thomas: Die Bedeutung, S. 6.

[27] Vgl. Güttler: Sozialpsychologie, S. 109.

[28] Zwar existierte der Begriff des Stereotyps bereits vorher, doch wurde er erst durch den amerikanischen Journalisten Walter Lippmann in das moderne, soziale, kulturelle, psychologische Vokabular eingeführt. Ewen: Die Geschichte, S. 73. Vgl. auch Thomas, S. 4.

[29] Lippmann, Walter: Die öffentliche Meinung. Bochum 1990, S.18.

[30] Güttler: Sozialpsychologie, S. 110.

[31] Ebd.

[32] Vgl. ebd.

[33] Die „Ingroup" (auch Wir-, Binnen-, Innen- oder Eigengruppe genannt) bezeichnet die Gruppe, der eine Person angehört und mit der sie sich identifiziert. Die Außen- bzw. Fremdgruppe (die „Die-Gruppe"), der man

2.2.1. Funktionen von Vorurteilen und Stereotypen

Verschiedene sozialpsychologische Forschungsarbeiten beschreiben im Wesentlichen sechs zentrale Funktionen von Vorurteilen. In meiner Darstellung beziehe ich mich - wenn nicht anders erwähnt - auf die Ausführungen von Alexander Thomas[35].

Dieser benennt zuerst die Orientierungsfunktion. Vorurteile ermöglichen, sich in einer äußerst komplexen Welt zu orientieren, indem Personen und Objekte leicht eingeordnet und bewertet werden können. Dies gewährleistet, dass das menschliche Bedürfnis nach Handlungsfähigkeit sowie Kontrolle über sich und seine Umwelt erfüllt werden kann und dass eine „gesicherte Orientierung aufrecht [...] erhalten [wird]“[36], was vor allem bei Erstbegegnungen und in plötzlich auftretenden Handlungssituationen sehr hilfreich ist.

Vorurteile dienen auch der schnellen Anpassung an die „jeweiligen (sozialen) Lebensbedingungen, z.B. die vorherrschende Meinung, Wert- und Normvorstellungen und Handlungsregeln.“[37] Eine Folge dessen ist der Erhalt sozialer Belohnungen und Zuwendungen sowie eine Reduzierung von Bestrafungen, wie z.B. kritischen Äußerungen oder gar Kategorisierung als Außenseiter.

Als dritte Funktion von Vorurteilen nennt Thomas die der Abwehr. Sie ermöglichen zum einen, Schuldgefühle, psychische Konflikte und Selbstkritik abzuwehren und führen so zu einem positiven Selbstbild. Zum anderen dienen Vorurteile der „Abwehr, Abwertung, und Diskriminierung von Personen und Gruppen[38] mit der Folge positiver Selbsteinschätzung.“[39] Durch soziale Vergleichsprozesse zu einem positiven Selbstbild zu gelangen, befriedigt dabei ein zentrales menschliches Bedürfnis.

Mithilfe von Vorurteilen kann man sich vor Anderen als wissend, gebildet und kompetent im (Be-)Urteilen präsentieren. Voraussetzung hierfür ist allerdings, dass diese Einstellungen von den Kommunikationspartnern „geteilt, übernommen oder zumindest widerspruchslos [...]“[40] hingenommen werden. Daher dienen Vorurteile der Selbstdarstellung gegenüber der sozialen Umwelt.

---

nicht angehört und mit der auch keine Identifizierung stattfindet, wird als „Outgroup“ bezeichnet. Vgl. ebd., S. 134f.

[34] Vgl. ebd., S. 110, 134ff und Bergler: Vorurteile, S. 107ff.

[35] Thomas: Die Bedeutung, S. 4ff.

[36] Thomas: Die Bedeutung, S. 4.

[37] Ebd., S. 5.

[38] An dieser Stelle wäre zu überlegen, ob diese von Thomas beschriebene Funktion der von Güttler als „Aggressgressionsabfuhr“ bezeichneten Funktion entspricht. Letztgenannter erwähnt in diesem Kontext auch die „Sündenbocktheorie“. Vgl. Güttler: Sozialpsychologie, S. 111. Zur „Sündenbocktheorie“ vgl. ebd., S.111, S.140f sowie Lüddecke: Ethnische Vorurteile S. 78ff und Allport: Die Natur, S. 250ff.

[39] Thomas: Die Bedeutung, S. 5.

[40] Ebd.

Vorurteile ermöglichen auch Abgrenzung und Identität. So fördern Vorurteile, die man mit Anderen teilt, das Gefühl der Zusammengehörigkeit. Gleichzeitig erlauben sie eine deutliche Abgrenzung von negativ beurteilten Außengruppen und ermöglichen gleichzeitig ein positiveres Autostereotyp.

Die Steuerungs- und Rechtfertigungsfunktion wird zum einen genutzt, um das eigene Verhalten gegenüber Einstellungsobjekten zu steuern. Zu anderen, um Verhaltensweisen nachträglich zu rechtfertigen, indem man „seine vorurteilsbehafteten sozialen Einstellungen dem ausgeführten Verhalten anpasst."[41]

2.2.2. Fehlerhafte Urteilsprozesse bei Vorurteilen und Stereotypen

An dieser Stelle sollen die typischen, fehlerhaften Urteilsprozesse, die bei Stereotypen und Vorurteilen auftreten, skizziert werden.[42] Hierbei handelt es sich um Kategorisierungsprozesse[43], d.h., Klassifikationsschemata zur Strukturierung und Ordnung der komplexen Umwelt, die im Laufe der Sozialisation erworben wurden und sich im Alltag bewährt haben. Daher werden Menschen in sogenannte „Schubladen" eingeordnet. Es kommt zur Typisierung statt zur Charakterisierung des Individuums. Dieses wird als Mitglied einer sozialen Gruppe betrachtet und behandelt, welche bestimmte (negative) Merkmale aufweist.

Ein anderer Urteilsprozess ist der der Übergeneralisierung, d.h. es kommt zur vorschnellen, fehlerhaften Verallgemeinerung von Einzelerfahrungen und damit zur Vernachlässigung spezifischer Merkmale und Bedingungen.[44]

Akzentuierungsprozesse werden von Güttler als „Formeln von hoher Prägnanz [...]"[45] beschrieben, wie sie typologische Übertreibungen („Spagettifresser") aufweisen. Akzentuierung beinhaltet sowohl die Annahme von Homogenität innerhalb einer sozialen Kategorie als auch die der Heterogenität zwischen Objekten verschiedener sozialer Kategorien.

Evaluation beschreibt die Bewertung der kategorisierten Objekte nach Sympathie oder Antipathie. So führt eine negative Bewertung zur Verstärkung der wahrgenommenen Kontraste. Die Evaluation selbst kann auch die Funktion einer Klassifikation übernehmen.

Durch diese beschriebenen Prozesse sowie durch Wahrnehmungsverzerrungen, selektive Aufmerksamkeit, Vermeidungstendenzen etc. kommt es zur subjektiven Bestätigung der

---

[41] Ebd.
[42] Vgl. hierzu auch Kapitel 2.3.1
[43] Vgl. hierzu auch Kapitel 3.3
[44] Güttler: Sozialpsychologie, S. 111.
[45] Ebd., S. 112.

Vorurteile und Stereotypen. Kommt dann noch hinzu, dass das Verhalten der vom Vorurteil betroffenen Gruppe den „stereotypen Vorstellungen der superioren Gruppe [...]"[46] entspricht, bewahrheitet sich auf zweifache Weise ein „sozial konstruiertes Vorurteil"[47] - man spricht hierbei von „self-fulfilling prophecy". [48]

2.3. Die Soziale Diskriminierung

Der konative bzw. behaviorale Aspekt des Vorurteils wird als soziale Diskriminierung bezeichnet. Darunter versteht man, dass Menschen unterschiedlich behandelt und deren individuelle Eigenschaften und Vorzüge missachtet werden. Güttler führt hier beispielhaft die Verneinung gleicher Rechte, Beschäftigung oder Bezahlung; das Vermeiden von persönlichem Kontakt sowie das Verweigern der Kommunikation mit Mitgliedern von Minoritätengruppen
an.[49] Daher ist soziale Diskriminierung „eine Form der sozialen Aktion"[50], die einen Akteur und eine Zielperson bzw. -gruppe impliziert.

2.3.1. Funktionen der sozialen Diskriminierung

Güttler führt fünf Funktionen bzw. Aspekte der sozialen Diskriminierung an, „durch die eine Person einer Fremdgruppe von Mitgliedern einer Ingroup zunehmend ‚deindividuiert' wird."[51] Diese Diskriminierungen werden durch verschiedene sprachliche Mitteilungen - auch relativ geläufige Sprachbilder - realisiert.[52]
Die erste Funktion beschreibt Güttler als Separation, worunter allgemein eine kognitive Trennung durch Klassifizierung und Kategorisierung von Menschen verstanden wird. Als sprachliches Beispiel führt er „‚wir' versus ‚die' oder ‚sie'"[53] an.
Ist solch eine Separation kognitiv vollzogen, besteht der nächste Schritt darin, dass dies auch äußerlich erkennbar wird. Dies erfolgt auf Grundlage der Distanzierung, die sowohl räumlich als auch ideell realisiert werden kann. Das sprachliche Spektrum reicht hierbei von abstrakten Wörtern oder bürokratischen Ausdrücken wie „Beamtenapparat" bis hin zu

[46] Ebd.
[47] Ebd.
[48] Vgl. ebd.
[49] Vgl. Güttler: Sozialpsychologie, S. 112.
[50] Ebd.
[51] Ebd., S. 113.
[52] Vgl. ebd.
[53] Ebd.

menschenverachtenden Sprachkonstruktionen wie „Asylantenflut“ und „Rentner-schwemme“.[54]

Die dritte Funktion, die auf den ersten beiden aufbaut, beschreibt Diskriminierung als Akzentuierung, d.h. „die Andersartigkeit der Menschen, die zuvor separiert und distanziert wurden, [wird nun] hervorgehoben, auffällig gemacht und unterstrichen.“[55] Dabei werden hauptsächlich die Unterschiede fokussiert, was zur weiteren Überbetonung der Differenzen zwischen den Kategorien bzw. Gruppierungen führt und „die konstruierte Dichotomisierung noch weiter polarisiert wird.“[56] Sprachlich realisiert wird dies in Kontrastbildungen und verbalen Polarisierungen wie „‚Weiße‘ versus ‚Schwarze‘ oder ‚Normale‘ versus ‚Behinderte‘“.[57]

Durch die darauf basierende Evaluierung des entworfenen sozialen Kategoriensystems kommt es auch zur Formulierung affektiver Reaktionen gegenüber diesen Kategorien. Dabei wird die Außengruppe ab- und zumindest implizit die eigene Gruppe aufgewertet. Güttler weist darauf hin, dass in derartigen verunglimpfenden Äußerungen vor allem der „emotionale Aspekt des Vorurteils“[58] zum Tragen kommt. Verbale Beispiele hierfür sind „Schlitzaugen“, „Pfaffen“ etc.

Die bisher genannten und aufeinander aufbauenden Funktionen bzw. Aspekte der sozialen Diskriminierung münden in die Stereotypisierung bzw. Fixierung. So wird „[d]urch eine sozial-kommunikative Zuschreibung von spezifischen Eigenschaften oder durch Typisierungen [...] dieser kognitiv-emotionale soziale Diskriminierungsprozeß [sic!] abgerundet und fixiert.“[59] Der Diskriminierte wird nun nicht mehr als individuelle Person, sondern als ein beispielhaftes Exemplar einer sozialen Kategorie oder als typisches Mitglied einer Außen- bzw. Fremdgruppe behandelt. Der Betroffene wird zum einen deindividuiert und zum anderen werden ihm typische, zumeist negative Eigenschaften zugeschrieben, wodurch die Unterschiede zwischen den sozialen Kategorien fixiert werden. Güttler spricht hier von „Labeling“.[60] Ein Beispiel hierfür wäre: „Alle Arbeitslosen sind faul.“ Bei Wörtern wie „Krimineller“, „Penner“ etc. wird eine Person einem Stereotyp zugeordnet.

---

[54] Ebd.
[55] Ebd.
[56] Ebd.
[57] Güttler: Sozialpsychologie, S. 114.
[58] Ebd.
[59] Ebd.
[60] Vgl. ebd.

Konsequenz der Stereotypisierung ist, dass der Diskriminator vom Diskriminierten ein typisches Verhalten erwartet und sich anmaßt, zu wissen, wie er mit diesem umzugehen habe und dies auf alle Vertreter einer sozialen Kategorie generalisiert.[61]

Güttler führt des Weiteren die so genannte Vermeidungshypothese an, die besagt, dass soziale Diskriminierung zumeist nicht in einer face to face Situation erfolgt, sondern in einem Reden über den Anderen. Es wird also vermieden, mit dem Diskriminierten direkt zu sprechen.[62]

3. Ansätze zur Entstehung von Vorurteilen und Stereotypen

Es gibt eine Vielzahl verschiedener theoretischer Ansätze, die die Entstehung und Entwicklung von Vorurteilen und Stereotypen erklären. Da diese Arbeit keine umfangreiche Darstellung der verschiedenen Ansätze leisten kann und soll, beschränke ich mich in meiner Darstellung auf eine Auswahl individuumsorientierter sowie sozialpsychologischer Ansätze.

3.1. Die Theorie der autoritären Persönlichkeit nach Adorno[63]

Ein individuumsorientierter Ansatz zur Entstehung von Vorurteilen und Stereotypen ist die Theorie der autoritären Persönlichkeit von Theodor W. Adorno. Dieser geht davon aus, „dass ethnische Vorurteile nicht Ergebnis von Motiv- oder Symptomprozessen sind, sondern sich mit bestimmten Charaktertypen, einer bestimmten Persönlichkeitsstruktur verbinden [...].“[64] Die Rekonstruktion solcher „verborgener“ Charakterstrukturen, die minoritätenfeindliche Ideologien und Vorurteile fördern, stehen daher im Zentrum des Interesses. Dabei dient die sogenannte „Faschismus-Skala“ zur Messung einer autoritären Persönlichkeit[65] aber auch der generellen Vorurteilsbereitschaft. Diese Skala besteht aus neun Variablen[66] bzw. Unterkonzepten, die zusammen ein Syndrom bilden, „d.h. ein mehr oder weniger stabiles Gefüge innerhalb der Struktur des Charakters, wodurch das Individuum für antidemokratische Propaganda anfällig wird.“[67] Güttler charakterisiert diese autoritäre Persönlichkeit als

---

[61] Vgl. ebd.

[62] Vgl. ebd, S. 115.

[63] Vgl. Adorno, Theodor W.: Studien zum autoritären Charakter. Frankfurt am Main 1973. Zitiert nach Güttler 2000 und Lüddecke 2007.

[64] Lüddecke, Julian: Ethnische Vorurteile in der Schule. Entwicklung eines Präventionskonzepts im Rahmen Interkultureller Pädagogik. Frankfurt am Main/London 2007, S. 83f.

[65] Zur Erfassung von Ethnozentrismus dient die E (Ethnozentrismus)-Skala. Diese beiden Skalen korrelieren positiv miteinander. Vgl. Güttler: Sozialpsychologie, S. 116.

[66] Diese sollen im Folgenden lediglich aufgelistet, jedoch nicht ausführlich beschrieben werden: 1. Konventionalismus, 2. autoritäre Untertänigkeit, 3. aggressive Autoritätssucht, 4. Abwehr der Intrazeption, 5. Aberglaube und Stereotypie, 6. Macht und Robustheit, 7. Destruktivität und Zynismus, 8. Projektion, 9. Sexualität. Eine ausführliche Darstellung dieser Variablen findet sich in: Adorno: Studien, S. 387-427.

[67] Güttler: Sozialpsychologie, S. 117.

„sadomasochistisch, analfixiert, destruktiv, rigide, aggressiv, ängstlich, wenig anpassungsfähig und zwanghaft [...]"[68] und versteht das daraus resultierende vorurteilshafte Verhalten als Ausdruck des oben beschriebenen Syndroms. Des Weiteren kann davon ausgegangen werden, dass die autoritäre Persönlichkeit mit einem spezifischen Sozialisationsmilieu, das durch einen autoritären Erziehungsstil (z.B. Kontrolle, Macht, Gewalt, starke Normenorientierung) geprägt ist, in Verbindung gebracht werden kann. Anhand dieser Theorie ist zu schlussfolgern, dass Vorurteile stark mit Strukturen und Aspekten der Persönlichkeit verknüpft sind.[69] Obwohl die Theorie Adornos vielfach kritisiert[70] wurde, hat sie bis heute einen erheblichen Einfluss auf die psychologische und soziologische Forschung.

So modifizierte Detlef Oesterreich[71] das Konzept der autoritären Persönlichkeit und interpretierte diese in eine „autoritäre Reaktion" um. Er versteht Autoritarismus nicht als Persönlichkeitsmerkmal, sondern als Reaktionsvariable, die unabhängig von der autoritären Persönlichkeit ist. Als Kern der autoritären Reaktion stellt er die Flucht in die (vermeintliche) Sicherheit von Autoritäten heraus, die Folge einer „emotionalen Verunsicherung"[72] ist. Daher definiert er „die autoritäre Persönlichkeit [Hervorhebung im Original] [als] eine durch Lernprozesse verfestigte Bereitschaft zur Fluchtreaktion in die Sicherheit von Autoritäten, die zur Entwicklung positiver emotionaler Bindungen und zur Identifikation mit diesen führt."[73] Die daraus resultierende Konsequenz ist die rigide Aneignung der Werte, Normen sowie Weltbilder und Deutungsmuster der Autoritätspersonen. Das führt dazu, dass der Angepasste große Schwierigkeiten in der Konfliktbewältigung besitzt und darin passiv, inflexibel und unselbständig erscheint.[74]

Von besonderem Interesse für die thematische Ausrichtung dieser Arbeit ist, dass Oesterreich „freie, demokratische und moderne Industriegesellschaften [...] für besonders geeignet [erachtet] autoritäre Persönlichkeiten hervorzubringen."[75] Gründe hierfür sind größere Möglichkeiten hinsichtlich der eigenen Lebensgestaltung und damit einhergehende vielfältige komplexe Entscheidungsspielräume sowie hohe An- und Überforderungen, die zur

---

[68] Ebd., S. 119.
[69] Vgl. Güttler: Sozialpychologie, S. 119.
[70] Zur Kritik vgl. Lüddecke: Ethnische Vorurteile, S. 86ff. und Güttler: Sozialpsychologie, S. 120f.
[71] Oesterreich, Detlef: Flucht in die Sicherheit. Zur Theorie des Autoritarismus und der autoritären Reaktion. Opladen 1997. Zitiert nach Güttler 2000 und Lüddecke 2007.
[72] Güttler führt aus, dass es zur „emotionalen Verunsicherung" in Bedrohungs-, Krisen-, Extrem-, Belastungs- und Konfliktsituationen kommt sowie Hilflosigkeit, Überforderung oder großer situativer Druck weitere Ursachen hierfür sein können. Vgl. Güttler: Sozialpsychologie, S. 123.
[73] Ebd., S. 122.
[74] Vgl. ebd.
[75] Ebd., S. 124.

Verunsicherung des Einzelnen führen können.[76] In diesem Kontext gilt es auch Oesterreichs Untersuchungen zu fremdenfeindlichen Einstellungen und Gewalthandlungen Jugendlicher gegenüber Migranten zu erwähnen. So korreliert das Autoritarismusmaß „hoch signifikant mit rechtsextremen Einstellungen[77], [...] Ausländerfeindlichkeit und mit der Befürwortung rechtsextremer Politiker und Gruppen."[78]

3.2. Die Theorie des realistischen Gruppenkonflikts nach Sherif[79]

Zu den sozialpsychologischen Ansätzen zählt die klassische Gruppenforschung, die einen zentralen Stellenwert bezüglich der Erklärung von Vorurteilen besitzt. Die Theorie des „realistischen Gruppenkonflikts", die ihren Namen Donald T. Campbell verdankt, gründet sich auf die sogenannten „Ferienlagerexperimente" Muzafer Sherifs. Dieser fand heraus, dass Vorurteile zwischen Gruppen im Wettbewerb um Macht, Werte, Staus und andere knappe Ressourcen entstehen.[80] Somit hängen Konflikte zwischen Gruppen und negative Vorurteile und Stereotype zusammen bzw. verschärfen Vorurteile bestehende Konflikte noch weiter. Beachtenswert ist auch, dass sich Vorurteile in derartigen Konkurrenzsituationen nicht nur gegenüber fremden, sondern auch gegenüber bereits bekannten bzw. befreundeten Personen entwickeln. Durch die Wettbewerbs- bzw. Konkurrenzsituation entsteht eine „Gewinner-Verlierer-Orientierung" und somit ein „realistischer Interessenkonflikt"[81], sodass die jeweils andere Gruppe als große Bedrohung wahrgenommen wird. So sollen die eigenen bedrohten Interessen und Ansprüche verteidigt bzw. durchgesetzt werden. Dies geschieht durch Abwertungen und Feindseligkeiten gegenüber der jeweiligen Fremdgruppe und führt gleichzeitig zur Aufwertung der eigenen Gruppe sowie zur Stärkung der Solidarität und Gruppenidentität.[82] Ist es zu solch einer Etablierung von „Feindschaft" gekommen, „dann werden sogar äußerst angenehme Kontaktsituationen [...], die eher spannungsreduzierend und beziehungsfördernd sind, von den rivalisierenden Gruppen als eine günstige Gelegenheit zu Zank und Streit wahrgenommen und umfunktionalisiert."[83] Kontakt und positive Informationen[84] über die andere Gruppe trugen an dieser Stelle nicht zur Auflösung

[76] Vgl. ebd.
[77] Vgl. hierzu auch Lüddecke: Ethnische Vorurteile, S. 86.
[78] Güttler: Sozialpsychologie, S. 124.
[79] Vgl. Sherif, Carolyn W./ Sherif, Muzafer: Social psychology. New York 1962, zitiert nach Güttler 2000.
[80] Vgl. Lüddecke: Ethnische Vorurteile S. 91.
[81] Güttler: Sozialpsychologie, S. 141.
[82] Vgl. ebd., S. 132.
[83] Gütter: Sozialpsychologie, S. 142.
[84] Welche positiven Bedingungen vorhanden sein müssen, damit Kontakt und Information zur Prävention und zum Abbau von Vorurteilen und Stereotypen dienen, wird in Kapitel 4 näher ausgeführt.

intergruppaler Konflikte bei, sondern erst die gemeinsame „Abwehr“ einer anderen Fremdgruppe und das Zusammenarbeiten in verschiedenen Notsituationen.[85]

3.3. Die Theorie der sozialen Identität nach Tajfel[86]

Henri Tajfels Social Identity Theory ist ebenfalls für die Erklärung von Vorurteilen von großer Bedeutung. Seine Untersuchungen, die auf der Grundlage des „Minimal-Group-Paradigmas“ basieren, führen zu dem Ergebnis, „dass eine Identifikation mit und Favorisierung der Eigengruppe schon unter minimalen Bedingungen erfolgt.“[87]
Wesentlich verantwortlich für diese Diskriminierung zwischen den Gruppen ist die bereits unter 2.2.2 beschriebene soziale Kategorisierung. Das heißt, dass „[n]icht nur die individuelle Beziehung [...] die soziale Interaktion [beeinflusst], sondern auch die Spezifität der Beziehung zwischen den Gruppen [...] von Bedeutung ist.“[88] Diese kommt durch die aus sozialen Vergleichsprozessen folgende Einteilung in Fremd- und Eigengruppe zustande. Um zu einer positiven Bewertung der eigenen Gruppe zu gelangen, bedarf es einer deutlichen Unterscheidung von der Fremdgruppe bzw. der Betonung der Unterschiede. Daher wird das Verhalten von Fremdgruppenmitgliedern eher dem (fremd)-gruppentypischen Verhaltenspol zugeordnet. Dadurch wird das individuelle „Verhalten als gruppentypisch klassifiziert und damit ‚depersonalisiert‘“.[89] Da das Mitglied der Fremdgruppe nur noch als Repräsentant der abgelehnten Merkmale der Fremdgruppe betrachtet wird[90], kommt es zur stabilen Stereotypisierung und Vorurteilsbildung gegenüber dieser. Mit dieser Theorie widersprach Tajfel der Hypothese Sherifs und Campbells[91], dass es einen realen Konflikt bzw. Wettbewerb um beispielsweise knappe Ressourcen bedarf, damit es zur Diskriminierung der Außen- bzw. Fremdgruppe und zur Bevorzugung der Ingroup kommt.[92]

---

[85] Vgl. Güttler: Sozialpsychologie, S. 133f; 141f und Lüddecke: Ethnische Vorurteile, S. 91.
[86] Die ausführliche Darstellung Theorie Henri Tajfels findet sich in seinem Werk. Gruppenkonflikt und Vorurteil.Entstehung und Funktion sozialer Stereotypen. Bern 1982. Zitiert nach Güttler 2000 sowie Lüddecke 2007 und Thomas 2006.
[87] Lüddecke: Ethnische Vorurteile, S. 93.
[88] Ebd., S. 147.
[89] Thomas: Die Bedeutung, S. 9.
[90] Vgl. ebd. S. 9f.
[91] Vgl. 3.2 dieser Arbeit.
[92] Vgl. Güttler: Sozialpsychologie, S. 151

4. Prävention und Abbau von Vorurteilen

Es gibt eine Vielzahl verschiedener Ansätze[93] zum Abbau und Prävention von Vorurteilen. Zentrale Möglichkeiten stellen hierbei „Kontakt" und „Information" (als einstellungstheoretischer Ansatz) dar.[94] Diese werden im Folgenden näher ausgeführt.

4.1. Die Kontakthypothese

Die Kontakthypothese (contact approach) gilt als einer der wichtigsten Ansätze zur Reduktion von negativen Stereotypen. Diese geht auf Gordon W. Allport (1954) zurück. Seiner Theorie zufolge führt der Kontakt zwischen Gruppen dazu, Vorurteile abzubauen. Er unterscheidet hierbei zwischen quantitativen (Häufigkeit sowie Dauer der Kontakte, Anzahl der beteiligten Personen, Vielfalt möglicher Kontaktsituationen) und qualitativen Aspekten der Gruppenkontakte (Status der Personen, Rollenaspekte, soziale Atmosphäre, Persönlichkeitseigenschaften, Möglichkeiten der Begegnung).[95] Dass derartige Aspekte unbedingt notwendig sind und Kontakt allein nicht genügt, um Vorurteile abzubauen, haben Hewstone & Brown, Slavin, Aronson & Osherow sowie Tajfel dargestellt. So zeigten verschiedene Untersuchungen, dass nur Kontakt unter bestimmten günstigen Bedingungen zur Reduktion von Vorurteilen führt. Nach Ben-Ari & Amir sollte der Kontakt zwischen Mitgliedern des gleichen sozialen Status erfolgen. Des Weiteren sollte ein allgemeines soziales Klima bestehen, „das den Intergruppen-Kontakt unterstützt [...]"[96], und durch Autoritäten und soziale Institutionen hergestellt und betreut wird. Auch sollte der Kontakt einen „intimen Charakter" haben und über ein oberflächliches Kennenlernen hinausgehen. In diesem Zusammenhang stehen auch personale Eigenschaften wie Offenheit und Aufgeschlossenheit für neue Kontakte, Erfahrungen und Perspektive. Weiterhin sollte die Kontaktaufnahme von den Betroffenen als „angenehm und belohnend empfunden werden [sowie] unter einer gemeinsamen Zielsetzung stehen [...]"[97], die zu Kooperation und nicht zu Wettbewerb führt.[98]

---

[93] Thomas bündelt diese in folgende Kategorien: Persönlichkeitstheoretische, Kognitionstheoretische, Einstellungstheoretische, lerntheoretische sowie sozial-kognitive und Intergruppen-Ansätze. Vgl. Thomas: Die Bedeutung, S. 12ff.

[94] An dieser Stelle sei auf das neu entwickelte Unterrichtsprogramm „KOOP-INFO" (eine Verbindung von kooperativem Lernen und Information) zur Prävention von Konflikten zwischen ethnischen Gruppen hingewiesen, Vgl. Avci-Werning: Prävention, S. 133-224.

[95] Vgl. ebd., S. 78.

[96] Güttler, Peter: Sozialpsychologie, S. 143 und Avci-Werning, Meltem: Prävention, S. 81.

[97] Güttler, Peter: Sozialpsychologie, S. 143.

[98] Vgl. ebd. und

Es gilt aber zu beachten, dass sich bei „stark interpersonal gefärbten Kontakten [...]“[99] die Einstellungsänderung lediglich auf die spezielle Kontaktsituation und das konkret involvierte Individuum bezieht, sodass die Vorurteile gegenüber der Gruppe der Kontaktperson nicht abgebaut werden. Um dem entgegenzuwirken, sollte ein Kontakt zwischen prototypischen Vertretern von Gruppen angestrebt werden. Güttler weist allerdings darauf hin, dass „die jeweils gezeigten charakteristischen Verhaltensweisen zum bestehenden Stereotyp positiv deviant sein [müssen], sodaß [sic!] infolge einer wahrgenommenen Diskrepanz und Widersprüchlichkeit durch die konkrete Erfahrung eine Umstrukturierung und Korrektur des stereotypen Schemas und seiner Inhalte erfolgen kann.“[100]

4.2. Die Hypothese der Informations- und Wissensvermittlung

Die Forschungsrichtung der so genannten information approach geht davon aus, dass „die Entwicklung negativer Stereotype[101] hauptsächlich das Resultat mangelhafter Kenntnisse, fehlerhafter Wissensbestände und allgemeiner Intoleranz ist.“[102]
Aus diesem Grund wurden zahlreiche Programme entwickelt, die durch gezielte Informations- und Wissensvermittlung Vorurteile aufbrechen und Möglichkeiten zum Umlernen- und -denken eröffnen sollen. Der Fokus liegt hierbei auf der „Modifikation und Revision der kognitiven Schemastruktur des jeweiligen Stereotyps, auf gründliche[r] Aufklärung über historisch-kulturelle Eigenarten, gesellschaftsspezifische Leistungen und Verdienste[n] der Fremdgruppe und [...] besonders [...] auf [der] Betonung der Ähnlichkeit zwischen den Gruppen bzw. sozialen Kategorien [...]“[103]. Das Herausstellen dieses letzten Punktes wird damit begründet, dass das Wahrnehmen von Ähnlichkeiten im Verhalten, Denken und Fühlen ein hohes Potenzial hat, um negative Einstellungen gegenüber der Fremd- bzw- Außengruppe zu revidieren und in positivere umzuwandeln.[104] In diesem Kontext sind auch Forschungsergebnisse von Tajfel zu nennen, die bestätigen, dass „vorurteilsbedingte Fremdgruppendiskriminierung abgeschwächt werden kann [...]“[105], wenn den Beteiligten eine „größere Auswahl von Kategorisierungsmöglichkeiten[106] zur Verfügung steht.“[107]

---

[99] Ebd., S. 144.
[100] Ebd.
[101] Avci-Werning bezieht sich auf Studien von Stephan und Stephan, die den Aspekt der Ignoranz als wesentlichen Einflussfaktor zur Entwicklung der Vorurteilen betrachten. Vgl.: Dies.: Prävention, S. 89f.
[102] Güttler, Peter: Sozialpsychologie, S. 144.
[103] Ebd.
[104] Vgl. ebd.
[105] Thomas: Die Bedeutung, S. 11.
[106] Thomas führt an dieser Stelle das Beispiel der Begegnung von/zwischen deutschen und französischen Jugendlichen an. Kommt es zu einem Austausch zwischen den beiden Gruppen über schulische Probleme,

Teilweise stellt der Ansatz der Informations- und Wissensvermittlung eine gewisse Gratwanderung dar. So gilt es bei diesem Ansatz darauf zu achten, nicht überdeutlich die Unterschiede der Fremdgruppen zu betonen und dadurch möglicherweise die Intoleranz aber auch bestimme Ängste[108] gegenüber dieser zu verstärken. Im Umkehrschluss bedeutet das aber nicht, Homogenisierungen vorzunehmen oder unleugbare Differenzen zu verschweigen.[109] Güttler empfiehlt daher: „soziale und ethnische Disparitäten und Heterogenitäten objektiv und wirklichkeitsnah klarzustellen, unvoreingenommen begreiflich und akzeptabel zu machen und gegebenenfalls als legitime gruppenspezifische Differenzen zu deklarieren."[110]

Wie diese beiden Ansätze in schulischen Kontexten angewendet werden können, wird im nächsten Abschnitt erläutert.

4.3. Konsequenzen für Schule und Unterricht

Wie im vorherigen Abschnitt ausgeführt, stellen „Kontakt" und „Information" zentrale Möglichkeiten zur Reduktion und Prävention von Vorurteilen und Stereotypen dar. Die Realisierung dieser beiden Aspekte ist in der Schule nicht nur möglich, sondern kann auch als entscheidender Auftrag dieser Institution verstanden werden.

4.3.1. Die Realisierung der Kontakthypothese im schulischen Kontext

Zwar sind SuS im Unterricht miteinander konfrontiert, doch genügt diese Tatsache nicht, um das Entstehen von Vorurteilen zu verhindern oder diese zu verringern bzw. abzubauen. Daher bedarf es (wie in 4.1 dargestellt) bestimmter günstiger Bedingungen. So ist die Qualität des Klassenklimas von entscheidender Bedeutung, denn nur in einer als angenehm empfundenen Atmosphäre, die von Offenheit und gegenseitigem Respekt geprägt ist, kann ein Raum für intensiveres Kennenlernen entstehen. Die Gestaltung eines solchen Raumes liegt wesentlich in der Verantwortung der Lehrkraft, die als Autorität diese Kontakte unterstützt. So sollte diese durch ihr eigenes Verhalten eine gewisse Vorbildfunktion erfüllen und sensibel sein für eventuell vorhandene bzw. auftretende Spannungen und Konflikte. Sie sollte in der Lage sein,

---

könnte die Kategorisierung „wir Deutsche" und „die Franzosen" (und umgekehrt) aufgelöst werden und in „[eine Überschneidungskategorie , Jugendliche mit Schulproblemen' übergehen. Ebd. Zu den verschiedenen (De-)Kategorisierungskonzepten vgl. Avci-Werning, Prävention, S. 85f.

[107] Ebd.

[108] Zu solchen Ängsten zählt auch die sogenannte „Intergruppenängstlichkeit", die bei mangelnden Kenntnissen über eine Fremdgruppe einsetzt, wenn ein Kontakt unmittelbar bevorsteht. Vgl. 90f.

[109] Vgl. Güttler: Sozialpsychologie, S. 144.

[110] Ebd.

diese zu artikulieren und Möglichkeiten des Intervenierens kennen und nutzen.[111] Ein entscheidender Punkt ist hierbei auch die Gestaltung der Lern- und Leistungskultur im Unterricht. Ist dieser permanent als Wettbewerbssituation durch eine soziale Bezugsnormorientierung[112] angelegt, verhindert er, dass der Kontakt zwischen den SuS als angenehm und belohnend empfunden wird und es stattdessen zu ständiger Konkurrenz, Neid aber auch Versagensängsten[113] kommt.[114] Um dem entgegenzuwirken, sollten Schülerleistungen vielmehr nach der kriterialen und individuellen Bezugsnorm bewertet werden, [115] da die SuS sich dadurch nach für alle gleichermaßen geltenden, transparenten Kriterien behandelt wissen, sich aber auch als Individuum wahrgenommen fühlen. Ein anderer entscheidender Aspekt der Unterrichtsgestaltung, der ebenfalls der Vermeidung von Wettbewerbssituationen dient, ist die Gestaltung des Unterrichts als kooperatives Lernen, besonders in heterogenen Gruppen. So sind die SuS, die in einer Gruppe zusammen arbeiten, voneinander abhängig, da sie nur gemeinsam das Ziel erreichen können (Interdependenz). Des Weiteren setzt diese Sozialform viele Interaktionsmöglichkeiten zwischen den SuS voraus, wodurch der Schüler-Schüler-Kontakt stark ansteigt. Auch gewährleisten die eingesetzten Lernmethoden den SuS einen gleichen Status in der Klasse. Durch die Initiierung und Betreuung des Unterrichts durch die Lehrkraft erfahren die SuS institutionelle Unterstützung.[116]

Kooperatives Lernen hat eine Vielzahl von positiven Effekten auf die SuS. Durch die Erfahrung der Interdependenz wird das Selbstkonzept und die Selbstwirksamkeit jedes Schülers bzw. jeder Schülerin gestärkt, wodurch der Entstehung von Vorurteilen präventiv begegnet wird. Auch werden Altruismus, Hilfsbereitschaft und Teambewusstsein gefördert. Dies trägt auch zur Persönlichkeitsentwicklung der SuS bei.

---

[111] Hierzu zählen beispielsweise Klassen- und/oder Einzelgespräche, das Aufstellen von Klassenregeln aber auch die Zusammenarbeit im Kollegium. Im Kontext von kulturbedingten Konflikten im pädagogischen Alltag zeigt Wolfgang Nieke verschiedene (virtuelle) Diskurse zum Umgang bzw. zur Klärung solcher Konflikte auf. Vgl. Ders.: Interkulturelle Erziehung und Bildung. Wertorientierungen im Alltag. Opladen 1995 (Reihe Schule und Gesellschaft, Bd. 4), S. 242-252.

[112] Eine ausführliche Darstellung und Bewertung der verschiedenen Bezugsnormen bietet Werner Sacher. In: Ders.: Leistungen entwickeln, überprüfen und beurteilen. Bewährte und neue Wege für die Primar- und Sekundarstufe. 5., überarbeitete und erweiterte Auflage. Bad Heilbrunn 2009.

[113] Untersuchungen belegen, dass SuS, die nach der sozialen Bezugsnorm beurteilt werden, misserfolgsängstlicher sind und mehr Schulangst haben, als jene, deren Bewertung nach der individuellen Norm erfolgte. Vgl. Sacher, Leistungen entwickeln, S. 94.

[114] So weist Werner Sacher darauf hin, dass die soziale Bezugsnormorientierung mit dem (schulischen) Ziel der Solidaritätsfähigkeit kollidiert. Vgl. ders., Leistungen entwickeln, S. 90.

[115] Vgl. dazu Sacher: Leistungen entwickeln, S. 90ff.

[116] Vgl. Avci-Werning: Prävention, S. 96f.

4.3.2. Die Vermittlung von Information und Wissen im schulischen Kontext

Wie im oberen Abschnitt dargestellt, kann die Vermittlung von Wissen und Informationen dazu beitragen, Vorurteilen und Stereotypen vorzubeugen bzw. diese abzubauen. Dies kann auf verschiedene Weise geschehen. So ist es wichtig, mit den SuS zu thematisieren, dass jeder Mensch bestimmte Stereotype und Vorurteile besitzt und diese Bestandteile des menschlichen Zusammenlebens sind. Es sollte eine offene Gesprächskultur darüber entstehen und jegliche Tabuisierung dieser Aspekte verhindert bzw. aufgebrochen werden. Sinnvoll wäre ebenfalls, menschliche Wahrnehmungs- und Bewertungsprozesse und damit verbundene Vorurteile, Stereotype und soziale Diskriminierung zum Unterrichtsgegenstand[117] zu machen, sodass die SuS diese in ihren vielfältigen Funktionen verstehen. In Anbetracht der Komplexität dieser Aspekte würde sich an dieser Stelle fächerübergreifender Unterricht (z.B. Deutsch, Religion, Ethik, Politik bzw. Sozialkunde, Geschichte, Biologie) anbieten. Ziel einer solchen Auseinandersetzung sollte sein, dass die SuS nicht nur um die vielfältigen Formen und Funktionen menschlicher Einstellung wissen und diese reflektieren können, sondern, dass sie diese auch wahrnehmen können sowie Möglichkeiten des Intervenierens und der Prävention kennen.

Bezogen auf den schulischen Religionsunterricht impliziert die Anwendung des information approach eine Vermittlung fundierten Wissens über andere Religionen, um eventuell vorhandene falsche Urteile oder sogar Ängste zu revidieren.[118] In Bezug auf die Frage nach den Unterschieden in den verschiedenen Religionen ist es zum einen wichtig, dass die SuS lernen, Spannungen auszuhalten (z.b. hinsichtlich des Wahrheitsanspruches), zum anderen aber auch bereit sind, neue Perspektiven einzunehmen und Empathie zu entwickeln. Gelungene Anknüpfungspunkte können aber auch die Gemeinsamkeiten der Religionen, gerade im Hinblick auf Normen und Werte (Nächstenliebe, Frieden, Toleranz, Solidarität), sein. [119]

Die unter Kapitel 4.2 thematisierten überlappenden Kategorien bieten auch große Chancen im Kontext multireligiöser und multinationaler Lerngruppen, denn wenn solche Kategorien gefunden und thematisiert werden können (hier eignen sich Themen wie Schule, Beziehung

---

[117] Dies kann auch anhand von Spielen und Experimenten umgesetzt werden. Hilfreiche Anregungen und verschiedene Übungen bietet: Losche, Helga/Püttker, Stephanie: Interkulturelle Kommunikation. Theoretische Einführung und Sammlung praktischer Interaktionsübungen. 5. überarbeitete und erweiterte Auflage. Augsburg 2009. Empfehlenswert ist auch die Handreichung für Lehrkräfte an Berliner Schulen (Hrsg. Senatsverwaltung für Schule, Jugend und Sport). Interkulturelle Bildung und Erziehung, Berlin 2001.

[118] Dies sollte möglichst - wie in 4.3.1 dargestellt und auch von Avci-Werning konzipiert und durchgeführt - in Verbindung mit Kontakt (z.B. durch Kooperation) - ermöglicht werden. Vgl. Avci-Werning: Prävention, S. 133-224.

[119] Vgl. hierzu Allport: Die Natur: S. 444ff.

zu Eltern, Freunden oder der Frage nach Zukunft und dem, was einem wichtig ist), erscheint so manche(r) „fremde(r)“ und „komische(r)“ Schüler bzw. Schülerin gar nicht mehr so anders als man selbst. Hier gilt es für die Lehrkraft solche Situationen zu schaffen bzw. zuzulassen.

5. Fazit

In dieser Arbeit wurde auf Grundlage differenzierter Begriffs- und Funktionsbetrachtungen dargestellt, dass ein einseitiges negatives Verständnis der verschiedenen sozialen Einstellungen zu kurz greift. Dennoch darf dies nicht über die potentiellen Gefahren dieser hinwegtäuschen, denn gerade in Zeiten einer globalisierten, immer heterogener und damit noch komplexer werdenden Welt erscheinen derartige Vereinfachungen und Homogenisierungen ungemein verlockend.[120]

Dies gilt auch für die SuS zu bedenken, die durch immer heterogenere Klassenstrukturen komplexen Anforderungen ausgesetzt sind. Diese Herausforderungen gilt es im schulischen Alltag anzugehen und konstruktiv zu nutzen. So kann die Begegnung zwischen SuS verschiedener Herkunft und Religion auf verschiedene Weise im Unterricht gestaltet werden. So kann positiver Kontakt, der maßgeblich durch Kooperation und Interdependenz realisiert und durch eine kompetente Lehrkraft betreut wird, zum Abbau von vorhandenen Stereotypen und Vorurteilen beitragen. Dies sollte in Verbindung mit Wissens- und Informationsvermittlung einhergehen, denn nur dadurch sind Lehrkräfte und SuS in der Lage, Stereotype und Vorurteile im eigenen Verhalten und dem der Anderen wahrzunehmen und auch angemessen darauf zu reagieren. Sind Konflikte und soziale Diskriminierung wahrzunehmen, so muss dies immer thematisiert und eingegriffen werden und darf keineswegs „totgeschwiegen“ werden.

Erweisen sich Schulen und vielmehr die Lehrkräfte[121] als kompetent im Umgang mit diesen Phänomenen menschlichen Zusammenlebens, dann kann diese Institution zu einem Raum werden, in dem unterschiedliche Menschen zusammen kooperativ arbeiten und leben,

---

[120] Vgl. Ewen: Die Geschichte, S. 544.

[121] Es wäre auch äußerst lohnenswert, die vielfach thematisierte, aber nicht ausführlich beschriebene Kompetenz der Lehrkräfte im Hinblick auf multireligiöse und multinationale Lerngruppen zu untersuchen und der Frage nachzugehen, was eine interkulturell bzw. interreligiös kompetente Lehrkraft auszeichnet. In diesem Kontext sind die Untersuchungen und Ausführungen von Dorothea Bender-Szymanski: Interkulturelle Kompetenz bei Lehrerinnen und Lehrern aus der Sicht der empirischen Bildungsforschung (S. 201-229) und Andrea Lanfranchi: Interkulturelle Kompetenz als Element pädagogischer Professionalität- Schlussfolgerungen für die Lehrerausbildung (S. 231-256) zu erwähnen. Beide finden sich in: Interkulturelle Kompetenz und pädagogische Professionalität. 3. Auflage. Hrsg. v. Georg Auernheimer. Wiesbaden 2010 (Interkulturelle Studien, Bd. 13).

Empathie, Multiperspektivität und Toleranz entwickeln und religiöse und kulturelle Vielfalt als großen Wert und Bereicherung und in gewisser Weise als selbstverständlich empfinden.

Bibliografie

Adorno, Theodor W.: Studien zum autoritären Charakter. Frankfurt am Main 1973.

Allport, Gordon W.: Die Natur des Vorurteils. Köln 1971.

Avci-Werning, Meltem: Prävention ethnischer Konflikte in der Schule. Ein Unterrichtsprogramm zur Verbesserung interkultureller Beziehungen. Münster 2004 (Texte zur Sozialpsychologie, Bd. 9).

Bergler, Reinhold: Vorurteile - erkennen, verstehen, korrigieren. Köln 1976.

Bender-Szymanski, Dorothea: Interkulturelle Kompetenz bei Lehrerinnen und Lehrern aus der Sicht der empirischen Bildungsforschung. In: Interkulturelle Kompetenz und pädagogische Professionalität. 3. Auflage. Hrsg. v. Georg Auernheimer. Wiesbaden 2010 (Interkulturelle Studien, Bd. 13), S. 201-229.

Campbell, Donald T.: Ethnocentric and other altruistic motives. Nebraska Symposium on motivation, 13 (1965), S. 283-311.

Güttler, Peter G.: Sozialpsychologie. Soziale Einstellungen, Vorurteile, Einstellungsänderungen. 3. überarbeitete und stark erweiterte Auflage. München/Wien/Oldenbourg 2000.

Ewen, Elizabeth/Ewen, Stuart: Typen und Stereotype. Die Geschichte des Vorurteils. Berlin 2009.

Lanfranchi; Andrea: Interkulturelle Kompetenz als Element pädagogischer Professionalität - Schlussfolgerungen für die Lehrerausbildung. In: Interkulturelle Kompetenz und pädagogische Professionalität. 3. Auflage. Hrsg. v. Georg Auernheimer. Wiesbaden 2010 (Interkulturelle Studien, Bd. 13), S. 231-256.

Lippmann, Walter: Die öffentliche Meinung. Bochum 1990.

Losche, Helga/Püttker, Stephanie: Interkulturelle Kommunikation. Theoretische Einführung und Sammlung praktischer Interaktionsübungen. 5. überarbeitete und erweiterte Auflage. Augsburg 2009.

Lüddecke, Julian: Ethnische Vorurteile in der Schule. Entwicklung eines Präventionskonzepts im Rahmen Interkultureller Pädagogik. Frankfurt am Main 2007.

Nieke, Wolfgang: Interkulturelle Erziehung und Bildung. Wertorientierungen im Alltag. Opladen 1995 (Reihe Schule und Gesellschaft, Bd. 4).

Oesterreich, Detlef: Flucht in die Sicherheit. Zur Theorie des Autoritarismus und der autoritären Reaktion. Opladen 1997.

Roth, Erwin: Einstellung als Determination individuellen Verhaltens. Göttingen 1967.

Sacher, Werner: Leistungen entwickeln, überprüfen und beurteilen. Bewährte und neue Wege für die Primar- und Sekundarstufe. 5., überarbeitete und erweiterte Auflage. Bad Heilbrunn 2009.

Senatsverwaltung für Schule, Jugend und Sport (Hrsg.): Handreichung für Lehrkräfte an Berliner Schulen. Interkulturelle Bildung und Erziehung, Berlin 2001.

Sherif, Carolyn W./Sherif, Muzafer: Social psychology. New York 1962.

Tajfel, Henry: Gruppenkonflikt und Vorurteil. Entstehung und Funktion sozialer Stereotypen. Bern 1982.

Thomas, Alexander: Die Bedeutung von Vorurteil und Stereotyp im interkulturellen Handeln. In: Interculture Journal 2 (2006), S. 3-20.

Internet

http://www.welt.de/gesundheit/psychologie/article4182227/Warum-wir-Vorurteile-nicht-loswerden- koennen.html [letzter Zugriff: 15.03.2012].